PARIS LIVRE DE COLORIAGE

Ce livre appartient à:
CAFE

PAGE DE TEST DE COULEUR

RUE BONVE
Au Bon Coin
Café littéraire
Au Bon Coin
SALO
CAFÉ
CROISSANTS

Paris

PLACE
CHARLES DE GAULLE

L'HÔ

PARIS

CAFE
GO

CNAB
CHARCUTERIE
JOURN
CHARCUTERIE

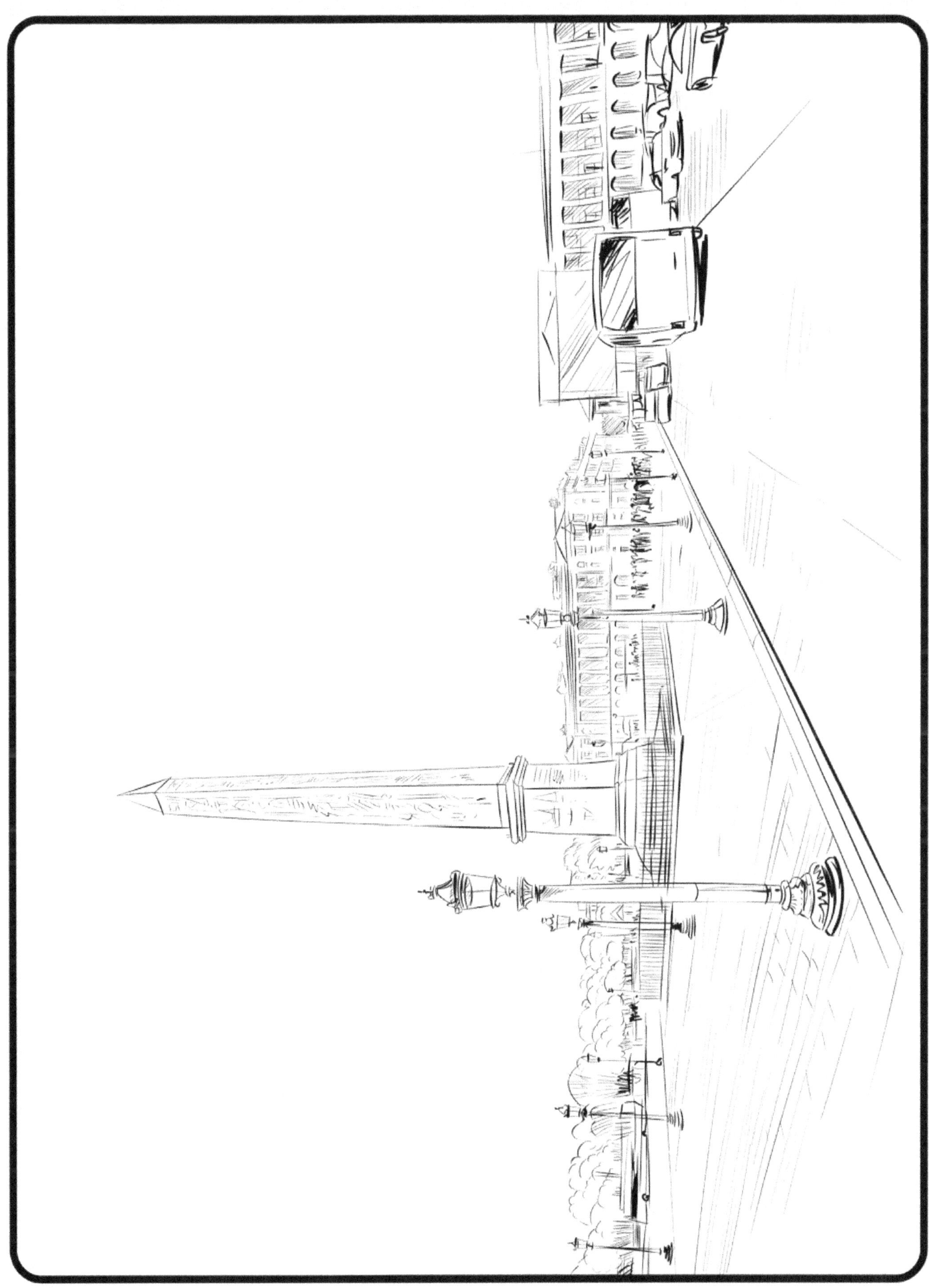

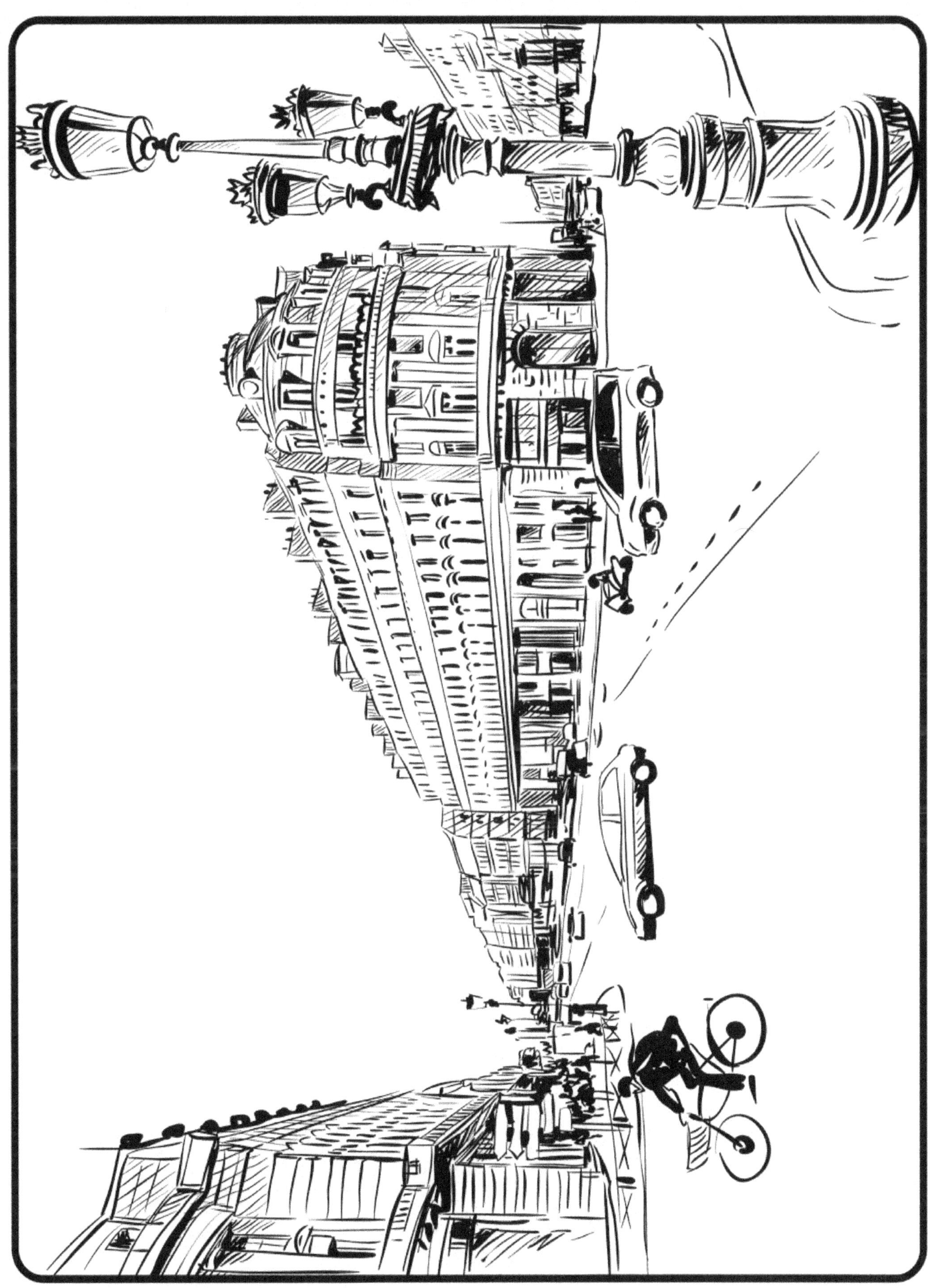

SPECTACLE
THEATRE
PARIS
THEATRE
CINEM
PARIS
LUNDI
MARDI
JEUDI
SAMEDI
PARTIR DU 15 MARS 2017
LOCATION : 01 00 44 29 06
CINEMA
Cinema Paris
PARIS DEMO
CAFE
RESTAURANT
JOUR ET NUIT

Merci d'avoir acheté ce livre

Si vous aimez le livre, pensez à laisser un commentaire,
cela aidera l'auteur à créer de meilleurs livres à l'avenir.

www.amazon.fr/Katrin-Stark